EUROPA
AUS DER LUFT

DANIEL PHILIPPE
GUIDO ROSSI
JASON HAWKES
CHRISTIAN BRIADE

FÜR THOMAS UND CAMILLE

Projektmanagement, Konzeption, Bildrecherche: Daniel Philippe
Grafik und Layout: Marc Barbay – IMAGE de MARC
Pre-Press: IMAGE de MARC

Übersetzung: Heinrich Degen, München
Lektorat und Satz: Nazire Ergün, Köln

Druck und Bindung: Mladinska Knjiga tiskarna d.d.

Printed in Slovenia

ISBN 3-89893-303-2

EUROPA
AUS DER LUFT

FOTOS DANIEL PHILIPPE
GUIDO ROSSI & JASON HAWKES

TEXT CHRISTIAN BRIADE

KARL MÜLLER

START · VANSBROSIMNINGEN
FELIX
VIKING LINE
RIMI
FELIX
VIKING LINE
RIMI

Frankreich
Gourmets schätzen die Austern, die an der Atlantikküste und der Bretagne gezüchtet werden.

Deutschland
Der Schwarzwald, ein Mittelgebirgszug, erstreckt sich über 170 Kilometer von Karlsruhe bis nach Basel. Im Sommer lädt er zum Wandern ein, im Winter zum Skifahren.

Spanien
Die Mischung aus maurischen Stilelementen, Gotik und Renaissance macht Grenada mit der Alhambra und den Gärten zu einem Traumziel.

Portugal
Lagunenlandschaft bei Faro. Wasser und Land formen sich zu einem harmonischen Ensemble, das von oben betrachtet wie ein grafisches Landschaftsbild wirkt.

Griechenland
Bei Kreuzfahrten durch die griechische Inselwelt bieten sich zahllose Häfen für einen Zwischenstopp an.

Schweden
Jeden Sommer kommen über 5000 unerschrockene Schwimmer zusammen, um bei einem Wettkampf vier Kilometer in den eisigen Fluten des Västerdalälven zurückzulegen.

RUNDREISE DURCH EUROPA

Der belgische Illustrator Folon schuf die Figur eines Weltreisenden, der als vage Silhouette in verschiedenen Farben und Gestalten über Landschaften schwebt.

Man muss in die Gestalt einer solchen fiktiven Figur schlüpfen, will man den Versuch wagen, das vereinte Europa in seiner ganzen Vielfalt zu erfassen: von der finnischen Tundra bis zu den im azurblauen Meer glänzenden griechischen Inseln, von der Granitküste der Bretagne bis zur Lüneburger Heide, von den Nebeln Schottlands bis zu den Buchten des Mittelmeers und von den irischen Fjorden bis zur andalusischen Steilküste.

Dieses Europa hat von Lissabon bis Berlin, von Kopenhagen bis Barcelona, von Amsterdam bis Wien, von Brügge bis Stockholm und von Paris über Rom bis Athen viele kulturelle Schätze zu bieten.

Es scheint unmöglich, diesen „alten" Kontinent mit seiner wiedergewonnenen Dynamik umfassend auf wenigen Seiten mit all seinen geografischen, historischen und touristischen Attraktionen zu beschreiben. Schließlich präsentiert sich jedes der 15 Länder der Europäischen Union als eigene kleine Welt mit eigener, in Jahrhunderten geformter Identität und charakteristischen Landschaftszügen. Belgien beispielsweise mit den fruchtbaren Ebenen Flanderns und dem zerklüfteten Gebirgszug der Ardennen. Frankreich mit seiner großen landschaftlichen Vielfalt von der Mündung der Seine bis zum Rhônedelta. Spanien mit der grünen Atlantikküste, der Hochebene Kastiliens und den auf das Mittelmeer blickenden Schnee-

Spanien
Wenn man von Norden kommend nach Madrid fährt, durchquert man diese Landschaft.

gipfeln der Sierra Nevada. Deutschland mit den Sandstränden an der Ostsee und Gebirgszügen wie den Bayerischen Alpen.

Selbst kleinere Länder sind keineswegs einförmig. Portugal ist im Norden grün, im Süden dominieren Weiß und Blau. Die Niederlande haben die Friesischen Inseln und das Hügelland Limburgs. Sogar das kleine Luxemburg hat mit den Ardennen und den Weinbergen an der Mosel ein sehr abwechslungsreiches Bild zu bieten.

Aus dem All betrachtet erscheint Europa als „finis terrae", als westliche Spitze des riesigen Doppelkontinents Eurasien. Dieser dicht bevölkerte Fleck der Erde öffnet sich zum Atlantik und zum Mittelmeer und genießt dabei alle Vorzüge eines ausgedehnten Kontinents. Wo anders auf unserer Erde kann man so viele Klimazonen, eine solche geografische und kulturelle Vielfalt auf so engem Raum entdecken? Sicher, die Vereinigten Staaten sind außergewöhnlich, doch wie viele Stunden muss man zwischen New York und Los Angeles, zwischen Chicago und Miami im Flugzeug verbringen, um

Österreich
Der faszinierende Attersee, der größte See des Salzkammerguts.

vergleichbare Unterschiede in Klima und Kultur zu finden, wie in den Regionen Europas mit Gletschern im Norden und Palmen im Süden?

Der Tourismus zählt innerhalb der Europäischen Union zu den Sektoren mit den höchsten Wachstumsraten. Der dynamische Dienstleistungsbereich beschäftigt inzwischen doppelt so viele Menschen wie die Landwirtschaft und das produzierende Gewerbe zusammen. In einer Prognose für die kommenden zehn Jahre geht die Europäische Union von einer wachsenden Attraktivität des Reiseziels Europa aus. Die Zahl der internationalen Reisenden soll sich von 335 auf 527 Millionen (plus 57%) erhöhen. Die Wachstumsraten werden in diesem Bereich deutlich über dem allgemeinen Wirtschaftswachstum liegen und zu einem Anstieg der Beschäftigten in der Branche von 22 auf 35 Millionen Erwerbstätige führen.

Wie reisen die Europäer?

Ungefähr 36% der Europäer machen mehr als zwei Wochen,

21% zwei Wochen, 19% eine Woche Urlaub, hinzu kommen verlängerte Wochenenden und immer beliebter werdende Kurzurlaube. Fast die Hälfte der Europäer verbringt den Urlaub allerdings zu Hause – bei entsprechendem Wirtschaftswachstum sicherlich potenzielle Urlaubsreisende. Die Deutschen sind die reisefreudigsten Europäer, gefolgt von den Bewohnern der Beneluxländer und Skandinaviens. Die beliebtesten Reiseländer sind Frankreich, Spanien und Italien. 63% entscheiden sich für einen Urlaub am Meer, 25% für die Berge.

58% der europäischen Touristen reisen nach Schätzungen per Auto, 31% mit dem Flugzeug und 10% mit der Bahn. 42% der Urlauber zieht es in Hotels und Ferienclubs, 14% machen Camping, 13% mieten Ferienwohnungen und 16% logieren bei Gastfamilien.

Die Achse Brüssel-Luxemburg-Strassburg

Seit 1957, als die sechs Gründungsmitglieder – Frankreich, Deutschland, Italien, die Niederlande, Belgien und Luxemburg – die Römischen Verträge unterzeichneten, wuchs die Europäische Union kontinuierlich, und die Zusammenarbeit der Mitglieder wurde immer intensiver.
1972 kamen Großbritannien, Irland und Dänemark dazu und 1981 schließlich Griechenland. 1986 traten Spanien und Portugal bei und 1996 Österreich, Finnland und Schweden. So entstand nach und nach die heutige Europäische Union mit ihren 15 Mitgliedsstaaten. Mit der Unterzeichnung des Vertrags von Maastricht legten sie die Grundlagen für eine wirtschaftliche, monetäre und politische Union. Doch das Zusammenspiel der Institutionen und das Geflecht der Zuständigkeiten ist höchst kompliziert, sodass man verstärkt nach Lösungen für eine intensivere Zusammenarbeit sucht.

Im Verlauf des europäischen Einigungsprozesses wurden die wichtigsten Institutionen auf drei Städte in drei Gründungsländern aufgeteilt. Straßburg wurde zum Sitz des Euro-

Deutschland
Das traumhaft gelegene Neuschwanstein ist das bekannteste bayerische Königsschloss.

päischen Parlaments und der Europaabgeordneten. In Brüssel residiert die Kommission mit der Exekutiven, und in Luxemburg fand der Europäische Gerichtshof seine Heimat.

Diese Aufteilung auf drei, fast 400 Kilometer auseinander liegende Städte wird oft kritisiert, inzwischen ist sie aber zur Selbstverständlichkeit geworden. Brüssel schmückt sich stolz mit dem Titel der „Hauptstadt Europas“.

Eine Reise entlang der europäischen Achse Brüssel-Luxemburg-Straßburg gewinnt dann einen besonderen Reiz, wenn man die direkten Schnellverbindungen zwischen den drei Städten auf der Autobahn oder mit der Bahn verlässt und auf Nebenstrecken ausweicht. Empfehlenswert ist mit dem Auto folgende touristische Route abseits der bekannten Autobahnen.

In Belgien: Brüssel, Namur, Dinant, Ciney, Rochefort, Saint-Hubert, Bastogne.
In Luxemburg: Wiltz, Esch-sur-Sûre, Grosbous, Saeul, Kopstal, Luxemburg-Stadt, Grevenmacher, Remich, Schengen (wo das gleichnamige Abkommen unterzeichnet wurde).
In Frankreich: Sierck-les Bains, Thionville. Dort auf der Autobahn Richtung Metz und Straßburg bis zur Abfahrt Sarre-Union. Über Bitche, Obersteinbach, Wissembourg, Haguenau erreicht man Straßburg.

Wo man hinschaut, sieht man Grün. In Belgien das Tal der Maas, die Grotten von Han und Rochefort, der Forst von Saint-Hubert und die Museen sowie die Gedenkstätte von Bastogne, die an die Ardennenschlacht erinnern. In Luxemburg die Badestrände von Esch-sur-Sûre, das Moseltal mit den berühmten Weinbergen. In Frankreich dann die „Postkartenansichten“ elsässischer Orte wie Obersteinbach, Wissembourg und Betschdorf. Der Weinliebhaber wird von Wissembourg nur zu gerne nach Norden (Richtung Landau) auf die Deutsche Weinstraße oder südlich von Straßburg (Richtung Obernai und

Colmar) auf die Route des vins d'Alsace fahren.
Nicht zu vergessen die drei Städte selbst. Brüssel mit dem Grand'Place, der Ilot Sacré, dem Place Royale, seinen Boulevards, dem Forêt de Soignes sowie den Museen und Stätten des Jugendstils. Das von Stadtmauern umgebene Luxemburg mit seiner Altstadt, dem Tal der Pétrusse, der Zitadelle, dem Historischen Museum und dem Europaviertel Kirchberg. Und schließlich Straßburg mit seinem gotischen Münster und den Fachwerkhäusern, den Museen, dem Viertel Petite France und dem Europaparlament in einem außerhalb gelegenen Park. Es bieten sich vielfältigste Möglichkeiten, Natur- mit Kunstgenuss und Tafelfreuden zu verbinden.

Vom Norden nach Süden, von Januar bis Dezember

Europa kann seinen aus aller Welt angereisten Besuchern in allen vier Jahreszeiten etwas bieten.

Natürlich herrschen in den Mittelmeerländern das ganze Jahr über günstigere klimatische Bedingungen als weiter im Norden, und die Tourismussaison ist dort entsprechend länger. Doch unabhängig davon, in welchem Monat man nach Europa kommt, es gibt immer etwas Interessantes zu sehen oder zu unternehmen.

Beispielsweise im Winter: Soll es in den Schnee oder in die Sonne gehen? Ein Amerikaner von der Ostküste der USA ist mit dem Flugzeug oft schneller in den Alpen als in den Skiorten der Rocky Mountains. Und der „alte" Kontinent bietet eine reiche Auswahl an Wintersportorten.

Da sind die unvergleichlichen bayerischen, österreichischen und italienischen Alpen mit Glanzlichtern wie Garmisch-Partenkirchen südlich von München, Kitzbühel östlich von Innsbruck und Cortina d'Ampezzo in den Dolomiten. Auch die französischen Alpen, von Morzine bis Courchevel, bieten sich für Sporturlaube an, und es gibt von dort sogar einige Liftverbindungen zu Schweizer Skigebieten. Aber auch in den zu Frankreich und Spanien gehörenden Pyrenäen kann man Ski fahren, und in den andalusischen Sierras kann man Sonne und Schnee genießen. Das finnische Lappland lädt zu Winterwanderungen mit Schneeschuhen und Fahrten mit Hunde- oder Rentierschlitten ein.

Südeuropa wird selbst im Winter von der Sonne gewärmt. An den kanarischen Stränden und den Küsten der Algarve und Andalusiens, von Faro bis Marbella und Torremolinos, kann man das ganze Jahr über Sonne genießen.

Die französische Côte d'Azur erstrahlt beim Karneval von Nizza und beim Zitronenfest in Menton. Das Fürstentum Monaco hat sowieso immer etwas zu bieten.

In Italien liegen die neapolitanische Küste und Sizilien bereits im Sonnenschein, während Mailand noch im Nebel fröstelt. Nicht zu vergessen Griechenland, auf dessen paradiesischen Inseln man gut überwintern kann.

Selbst wenn nördlich der Alpen Regen und Kälte Einzug halten, finden sich interessante Ziele. Dann besucht man lebhafte Großstädte wie London, Paris oder Berlin. Oder man genießt die zugefrorenen Grachten Amsterdams oder den unvergleichlichen Charme des verschneiten Brügges. Berühmte Museen mit reichen Schätzen und kulturelle Ereignisse von Barcelona bis Venedig, von Antwerpen bis Edinburgh warten auf die Besucher. Die Nächte von Wien, Rom und Dublin sind ebenfalls voll von Leben. Und in Deutschland locken die Weihnachtsmärkte. Selbst die Urlaubsorte an der Nordsee bieten spezielle Winterangebote an.

Der Herbst mit den goldgefärbten Wäldern ist besonders zauberhaft. Die ideale Zeit für einen Besuch der Mittelgebirge: Ardennen, Eifel, Vogesen, Schwarzwald und Massif Central.

Italien
Ist der berühmte Turm von Pisa tatsächlich schief? Von oben betrachtet sieht es nicht so aus.

Oder man fährt an die Seen: Genfer See, Lago Maggiore, Gardasee und Bodensee. Man kann auch eine Kreuzfahrt auf dem Rhein oder der Donau machen.

Auch die Nebensaison hat ihre Anhänger: April in Portugal oder Sizilien, Mai auf Korsika, Sardinien, Rhodos oder Korfu. Sobald die Krokusse sprießen und die Sonne an Kraft gewinnt, ist es eigentlich überall schön.

Der Sommer, von Westen nach Osten

Mit dem Sommer kommt für ganz Europa die Hochsaison, von Helsinki bis Palermo, von Lissabon bis Athen. Wollte man alle empfehlenswerten Ziele und Sehenswürdigkeiten aufzählen, müsste man hunderte von Büchern schreiben.

Wir wollen aber einige Regionen beschreiben, die etwas abseits vom Strom der Strandurlauber liegen. Die Route verläuft von Westen nach Osten und zeigt ein ungewöhnliches Europa.

Nordportugal und Galicien

In Portugal reisen wir, fernab der Massen und in Gesellschaft anderer sachkundiger Urlauber, von Lissabon nach Porto. Nach Belieben bieten sich Abstecher an: zu prächtigen Bauwerken im manuelinischen Stil wie dem Kloster in Batalha oder der Abtei in Alcobaça, zur Universitätsstadt Coimbra oder dem hübschen Städtchen Obidos. Große, von rigoroser Modernisierung verschonte Städte wie Guimaraes und Braga laden zum Besuch ein. Und für eine kleine Erholungspause geht es ins Tal des Douro mit seinen terrassenförmig angelegten Feldern und Weinbergen.

Im „grünen Spanien“ empfehlen wir das im Nordwesten der Iberischen Halbinsel gelegene Galicien. Seit 1 000 Jahren führen die Jakobswege quer durch Europa nach Santiago de Compostela, zu dem weltberühmten Wallfahrtsort und der

Universitäts- sowie Kunststadt.
Doch die gesamte Region lohnt die Entdeckung. Man glaubt sich nach Irland oder in die Bretagne versetzt. Ein Abstecher in den Norden Portugals bietet sich von hier aus an.

Die stark zerklüftete Küste Galiciens ist 1 500 Kilometer lang. Am Ende der Fjorde, die hier „Rias“ genannt werden, schmiegen sich weiße Städtchen an die Felsen, und unter einem unglaublich klaren Himmel liegen Strände aus weißem Sand. Hier leben noch viele keltische Traditionen fort – Galicier sind besondere Spanier.

Irland und Wales

Im Westen Irlands, in Connemara, wähnt man sich am Ende der Welt: eine wilde und raue Küste, die Gebirgszüge um Galway, steil zum Atlantik abfallende Klippen und Sandstrände. Der Empfang durch die Iren ist aber stets sehr freundlich.

In Großbritannien ist Wales ein empfehlenswertes Reiseziel. Die Waliser unterscheiden sich ähnlich stark von den Engländern wie die Galicier von den Spaniern. Das beginnt mit der Sprache: Alle offiziellen Schilder tragen neben englischen auch walisische Aufschriften. Wales hat einen besonderen politischen Status und ein eigenes Parlament. Im Süden ist das weiträumige Land hügelig und im Zentrum erheben sich die höchsten Berge des Vereinigten Königreichs. Bis auf die Industrieregion um die Hauptstadt Cardiff ist Wales eine ruhige und erholsame Gegend. Besuchen Sie die Nationalparks von Snowden und Brecon Beacons. Überall findet man hier viel Grün und ruhige Strände.

Mündungsgebiet der Somme

In Frankreich, wo fast alle europäischen Landschaftstypen vertreten sind, fällt die Auswahl besonders schwer. Nehmen wir eine kleine, ruhige Region, das Mündungsgebiet der Somme.

Hier endet der über 250 Kilometer lange, von Osten nach Westen führende Lauf der träge fließenden Somme. Auf ihrem Weg hierher hat sie das Kalkplateau der Picardie in eine üppig grüne Ebene verwandelt. Das geringe Gefälle und absorbierende Torfansammlungen bremsen den Strom, es kommt oft zu Überschwemmungen. Die Gegend wird vom Wasser beherrscht, überall stößt man auf Quellen, Flussarme und Teiche.

Seite 28: Frankreich Château Chaumont am Ufer der Loire, Spätgotik und Renaissance haben seine Architektur geprägt.

Den Hafen von Saint-Valéry-sur-Somme laufen Küstenschiffe, Fischerboote und Yachten an. Vor allem Besucher, die Ruhe suchen oder die Zugvögel beobachten wollen, zieht es in die Baie de Somme. Sie besuchen den ornithologischen Park von Marquenterre, wo auf 2100 Hektar mehr als 250 Vogelarten leben. Zwei gut markierte Wanderwege führen durch den Park: Der eine informiert allgemein, der andere führt zu Beobachtungsstationen.

Seite 30: Frankreich Aus den Anschwemmungen der Rhône entstand die Camargue. Das von Wasserläufen durchzogene Delta ist ein einzigartiges Naturschutzgebiet.

Zweimal Limburg

Für unsere Europatour mit Ausgangspunkt Belgien haben wir hin und her überlegt.

Warum nicht von Flandern nach Seeland fahren? Von Brügge zur Insel Walchern, über Sluis und Breskens. Und zurück über Zierikzee, Goes, Kruiningen, Hulst und St. Niklaas. Ein anderer Vorschlag wäre: Westhoek und das benachbarte Nordfrankreich. Auch die Rundfahrt Ypern – Dixmude – Furnes – Calais-Boulogne – Saint-Omer – Cassel – Ypern wäre eine Beschreibung wert.

Schließlich haben wir uns für die beiden Provinzen Limburg entschieden, liegen sie doch genau im europäischen Dreiländereck von Maastricht, Aachen und Lüttich. Die holländische und die belgische Provinz tragen nicht nur denselben Namen, sie sind auch historisch eng miteinander verbunden.

Maastricht war die Hauptstadt des Herzogtums Limburg, bis es 1839 in Folge der belgischen Revolution von 1830 an die Niederlande abgetreten wurde.
Die aus Frankreich kommende Meuse fließt durch Dinant, Namur, Huy und Lüttich, bevor sie sich nach Norden in Richtung Visé und Maastricht wendet. Ab da bildet der nun Maas genannte Fluss die Grenze zwischen den beiden Provinzen Limburg.

Der 1992 unterzeichnete Vertrag von Maastricht machte die südlichste Stadt der Niederlande international bekannt. Die Einwohner der lebhaften Stadt geben sich entspannt, der Handel floriert dank der Nähe zu Lüttich und Aachen.
Seine Monumente und Museen machen Maastricht auch zu einem kulturellen Zentrum. Vom Vrijthof-Platz mit seinen zahlreichen Restaurants und Cafés kommt man schnell in das lebhafte Gewirr der Fußgängerzone mit den kleinen Gässchen. Die Sankt-Servatius-Kirche (St. Servaasbasiliek) geht auf das Jahr 1000 zurück. Das Westwerk ist kennzeichnend für die Romanik im Rhein-Maas-Gebiet. Zum Kirchenschatz gehört der Reliquienschrein des Heiligen Servatius.

Bei einem Rundgang durch die Stadt stößt man auf Straßenzüge mit prächtigen Residenzen aus dem 17. und 18. Jahrhundert, die reich geschmückt sind. Unser Spaziergang führt vom Vrijthof zum Markt, folgt dann der Stokstraat und schließt die ehrwürdige Liebfrauenkirche (Ouze-Lieve-Vrouwkerk) mit ein. Am Helpoort geht es dann über die ehemalige Stadtbefestigung (Walmuur) weiter. Man sollte Maastricht nicht verlassen, ohne das Bonnefantenmuseum und die Grotten des St. Pietersberg besichtigt zu haben.

Wir folgen der Maas bis nach Maaseik, das auf der rechten, der belgischen Seite liegt. 56 Fassaden wurden als besonders bemerkenswert aufgelistet: Mit dem Markt und seinem Stadtzentrum ist Maaseik ein Kunstmuseum unter freiem Himmel. Sehenswert ist auch De oude apotheek, die seit 1704 über

sechs Generationen von einer Apothekerfamilie betrieben wurde, bis der letzte Spross sie dann der Stadt vermachte. Heute ist ein Museum darin untergebracht.
Die belgische Provinz Limburg, zu der auch ein Teil der Landschaft Kempenland gehört, hat keine Großstädte, dafür aber mittelgroße, wohlhabende Städte mit gut gepflegter Kulturlandschaft.

Beschränken wir uns also auf drei Städte: Hasselt, Hauptstadt der Provinz, Tongeren und Sint-Truiden.
Das geschäftige Hasselt profitiert von der Industrie in seinem Umland, seinen ursprünglichen Wohlstand verdankt es aber dem Genever. Die ersten Brennereien entstanden im 18. Jahrhundert. Die Produktion nahm seitdem stetig zu. Die Stadt zeigte sich dankbar und errichtete ein faszinierendes und lehrreiches Nationalmuseum des Genevers ein. Hier kann man einiges über den Herstellungsprozess der Spirituose erfahren, der viel komplexer als vermutet ist.

Auf den Terrassen der Cafés am Grote Markt bei der Kathedrale St. Quentin können die Besucher dann eines der regionalen Biere, begleitet von einem Gläschen Genever, probieren.

Unbedingt sehenswert sind die Liebfrauenkirche (Onze-Lieve-Vrouwkerk) und der ehemalige Beginenhof mit seinen Gebäuden im typisch maasländischen Stil. Der japanische Garten lädt zur Teilnahme an der klassischen Teezeremonie ein.

Ein Ausflug in die Heidelandschaft Kempen führt zu dem Erholungspark von Hengelhoef und Kelchterhoef. Die meistbesuchte Attraktion Limburgs ist das von der Provinz eingerichtete Freilichtmuseum Bokrijk. Auf über 100 Hektar hat man Bürger-, Handwerker- und Bauernhäuser in alter Fachwerkbauweise, Windmühlen und Schulgebäude aus früheren Zeiten errichtet. Arboretum, Rosarium und ein Naturreservat runden das Ensemble ab. Ein voller Erfolg, denn pro Jahr kommen 800 000 Besucher nach Bokrijk.

Rechte Seite: Griechenland
Stolz erhebt sich eine orthodoxe Kirche aus dem Stadtbild von Patras, dem wichtigsten Hafen der Peleponnes und dem Hauptumschlagplatz für die Trauben aus Korinth.

Seite 36: Österreich
Bootshäuser am Neusiedler See. Der südöstlich von Wien gelegene See grenzt im Süden an Ungarn.

Seite 38: Niederlande
Breukelen: Die Seen bieten beste Bedingungen für alle Arten des Wassersports.

Südlich von Hasselt sollte man sich zwei Städte des Haspengaus anschauen. Der Grote Markt von Sint-Truiden bietet einen malerischen Anblick mit seinem eindrucksvollen Rathaus und der gotischen Stiftskirche. Die Kirche des Beginenhofs wurde in ein Museum für christliche Kunst umgewandelt. Ihr Innenraum lohnt eine eingehende Besichtigung. Das nahe gelegene Kloster von Kolen präsentiert stolz einen Reliquiar der Heiligen Odilia (1292) und viele Lütticher Möbel von ausgesuchter Eleganz.

Das Symbol von Tongeren ist die direkt vor der gotischen Basilika aufgestellte Statue des Ambiorix, des keltischen Eburonenfürsten, der eine römische Legion vernichtete. Ob es Ambiorix nun gefällt oder nicht, unter der römischen Besatzung wurde Tongeren zu einer befestigten Station auf der Straße von Bavay nach Köln ausgebaut.

Das sehr modern und originell gestaltete gallo-römische Museum präsentiert Fundstücke aus römischer Zeit.

Deutschland: Von der Eifel zur Mosel

Dies ist eine weitere europäische Route, die uns, ohne eine Grenze zu passieren, durch Belgien, Deutschland und Luxemburg führt.

Ausgangspunkt ist Eupen, die größte Stadt im deutschsprachigen Gebiet Belgiens, mit ihrem touristisch interessanten und gut erschlossenen Umland.

Quer durch das Hohe Venn fahren wir nach Monschau, einem malerischen Eifelstädtchen mit typischen Fachwerkhäusern. Über Schleiden und Gemünd kommt man nach Mechernich-Kommern mit seinem beeindruckenden volkskundlichen Freilichtmuseum. Das mittelalterliche Bad Münstereifel (Stadtmauer aus dem 13. Jahrhundert) und das reizvoll in

einer Flussschleife der Ahr gelegene Altenahr sind die nächsten Stationen. Auf der von Feldern, Weinbergen und Felsen eingerahmten Straße geht es nach Bad Neuenahr-Ahrweiler. Dieser Ferienort ist berühmt für seine Mineral- und Thermalquellen, seinen historischen Stadtkern und vor allem für die Weine der Region.

Wir fahren nicht direkt in Richtung Adenau, sondern besuchen zunächst Maria Laach mit der großartigen Abtei und dem geheimnisvollen Kratersee, dann Mayen und das Eifeler Landschaftsmuseum in der Genovevaburg und erreichen den höchsten Punkt der Eifel, die Hohe Acht. Südlich von Adenau liegt der Nürburgring, die weltbekannte Rennstrecke.

Rund um Daun wurden die durch Vulkanismus entstandenen, mit Wasser gefüllten Maare zu touristischen Zentren ausgebaut. Aus der waldreichen Eifel bei Daun geht es über Ulmen hinab nach Cochem und zu den Weinbergen der Mosel.

Die Fahrt von Koblenz nach Trier die Mosel hinauf gehört zu den klassischen Ausflugsrouten in Deutschland. Traben-Trarbach und Bernkastel-Kues wirken wie Postkartenmotive: steile Rebhänge am Flussufer, blumengeschmückte Fassaden und gemütliche Gasthäuser, in denen man den Moselwein probieren kann.

In Grenznähe zu Luxemburg und Frankreich liegt Trier mit der Porta Nigra, einem beeindruckenden Relikt aus römischer Zeit. Im geschäftigen, einladend gestalteten Stadtkern stößt man auf weitere zahlreiche historische Bauten.

Durch das ländliche Saartal geht es nach Saarburg und von dort ins luxemburgische Remich. Auf der Weinstraße fahren wir nach Grevenmacher und genießen dabei den Blick auf die Weinberge an beiden Ufern des Grenzflusses. Wir folgen der Sûre bis zum touristischen Städtchen Echternach und kommen Richtung Norden über Vianden und Dasburg nach Clervaux.

Zurück in Belgien erreicht man über St. Vith und Malmedy schließlich Eupen, den Ausgangspunkt unserer Rundreise.

Italien: Das Aostatal

Eigentlich haben alle Regionen Italiens ihre touristischen Reize, doch auch hier soll eine typisch europäische Ecke herausgehoben werden. Sie verbindet durch Passstraßen und Tunnels Italien mit den Nachbarländern Frankreich und Schweiz.

Eine klassische Ausflugsroute führt von Chamonix im steilen Anstieg über den Col des Montets nach Martigny im Wallis und von dort über den Pass oder durch den Tunnel des Großen Sankt Bernhard nach Aosta. Man kann sogar mit Seilbahnen über Gipfel, Grenzen und verschneite Täler hinweg von Chamonix nach Courmayeur im Aostatal gelangen.

Die Region Aostatal genießt innerhalb der Republik Italien einen besonderen Autonomiestatus: Das hier überwiegend gesprochene Französisch (mit Walliser Akzent) ist dem Italienischen gleichgestellt. In Südtirol gilt eine entsprechende Regelung für die deutsche Sprache.

Das Haupttal leidet unter der hohen Verkehrsbelastung der Autobahn, die durch das Aostatal nach Turin und zum Mittelmeer führt. Ruhiger und ländlicher ist es in den Seitentälern. In den Dörfern kann man noch die typischen, mit Steinplatten gedeckten Häuser finden. Die Region lebt hauptsächlich von Viehzucht und Käseherstellung (Fontia). Einige der direkt am Fuß der Alpen liegenden Orte wie Courmayeur und Breuil-Cervinia haben sich inzwischen zu bekannten Wintersportorten entwickelt.

Eine besondere Erwähnung verdient der 70 000 Hektar große Nationalpark Gran Paradiso im Val di Cogne. Auf gut markierten Wanderwegen kann man die alpine Pflanzen- und Tierwelt kennen lernen, und mit etwas.

Großbritannien
Für viele Reisende vom Festland ist der Fährhafen Dover das Tor zu England. Über den weißen Kreidefelsen thront die normannische Festungsanlage mit dem Schloss.

Das Aostatal bietet noch mehr: spektakuläre Alpengipfel, mittelalterliche Burgen (vor allem Fénis und Isogne) und in Aosta römische Bauten wie das antike Theater und den Triumphbogen des Augustus.

Ein ungewöhnliches Appetithäppchen, das auf die Reize des übrigen Italiens neugierig macht.

Österreich: Vorarlberg

Wir nehmen Sie mit zu einer weiteren touristischen Region in Europa. Das westlichste Bundesland der Republik Österreich grenzt an den Bodensee und hat dort Deutschland und die Schweiz als Nachbarn.

Über den Reschenpass in Tirol gelangt man nach Italien. Der Arlberg erhebt sich als eine natürliche Barriere zwischen Vorarlberg (daher der Name) und dem dahinter liegenden übrigen Österreich.

Das Bundesland ist mit 2600 Quadratkilometern Fläche und 330000 Einwohnern eher klein. Doch dieser kleine, wunderschöne Mikrokosmos bietet Urlaubern viele Anreize: Wassersport an Seen und Wanderwege sowie Skipisten im Gebirge. Hier haben alle Jahreszeiten ihren Reiz, ganz besonders aber der Herbst.

Bregenz, Fremdenverkehrsort und Landeshauptstadt, liegt direkt am Bodensee und hat eine prächtige Seepromenade. Im Sommer locken die international bekannten Bregenzer Festspiele begeistere Opern- und Ballettliebhaber aus aller Welt an. Vom Gipfel des über 1000 Meter hohen Hausbergs Pfänder präsentiert sich eines der schönsten Panoramen über die Alpen und den Bodensee.

Ganz in der Nähe erstreckt sich der Bregenzer Wald, der den

Seite 44: Italien
Ein beeindruckender Anblick auf eine vulkanische Eruption des Ätna.

Alpen vorgelagert ist. Seine blumengeschmückten Dörfer haben ihren ursprünglichen Charakter bewahrt, und sonntags tragen noch viele Einheimische traditionelle Trachten. Feldkirch mit den von Arkaden geschmückten Häusern im historischen Stadtzentrum und das Schloss auf dem Schattenburg lohnen einen längeren Besuch. Bludenz dient als Ausgangsbasis für Ausflüge ins Große Walsertal.

Von Brand aus erreicht man in einer nicht zu schweren dreistündigen Wanderung den Lünersee am Fuß des Brandner Gletschers. Den Rückweg kann man bequem mit der Seilbahn zurücklegen.

Von Bludenz nehmen wir die Panoramastraße über den Flexenpass, um über den Arlberg nach Lech zu fahren, einem Ort für Sommer- und Winterurlaube.

Eine Vorarlberger Kuriosität ist das Kleine Walsertal, das zu Österreich gehört, aber deutsches Zollgebiet ist. Vor der Einführung des Euro zahlte man die österreichischen Briefmarken dort mit der Deutschen Mark.

Dänemark: Jütland

Unsere Route von Deutschland nach Dänemark beginnt im 60 Kilometer östlich von Hamburg gelegenen Lübeck. Die Stadt ist von Hamburg schnell über die Autobahnen zu erreichen.

Doch bevor wir uns dem westlichen Teil Dänemarks zuwenden, nutzen wir die Gelegenheit und fahren durch Schleswig-Holstein, die nach Bayern beliebteste Tourismusregion Deutschlands. Das Land hat hunderte von Kilometern Sandstrand zu bieten: im Westen an der Nordseeküste sowie auf den Nordfriesischen Inseln und im Osten an der Ostseeküste.

Den ersten Stopp sollte man gleich in Lübeck einplanen, einer

alten, im Mittelalter zu Reichtum gelangten Hansestadt. Der historische Stadtkern wurde von der UNESCO zum Weltkulturerbe erklärt.
Die hinter dem Küstenstreifen gelegene Landschaft der Holsteinischen Schweiz wird von Seen, Wäldern und Schlössern geprägt. Das Wattenmeer der Nordfriesischen Inseln mit Sylt als Mittelpunkt ist ein Nationalpark und Naturschutzgebiet.

Seite 48: Italien
Im Nordosten Italiens türmen sich die schroffen Kalkgipfel der Dolomiten zu einer atemberaubenden Landschaft auf.

Doch jetzt betreten wir das Königreich Dänemark, ein eher ruhiges Land. Nur Kopenhagen bildet eine Ausnahme, hier leben 1,4 Millionen der insgesamt nur fünf Millionen Dänen.

Seite 50: Österreich
Das hügelige Hinterland von Bregenz am Bodensee lädt mit seinen ausgedehnten Wäldern zum Wandern ein.

Jütland, auf das wir uns beschränken wollen, ist eine lang gestreckte, aus dem Kontinent herausragende Halbinsel mit endlosen Stränden. In aller Ruhe kann man im Verlauf einer Woche ihre Hügel, Wälder und Seen bereisen und muss dabei nur knapp 1 000 Kilometer zurücklegen.

Hinter der Grenze bei Flensburg geht es zunächst nach Sønderborg und dann nach Tønder mit dem Kulturhistorisk Museum und seiner reichhaltigen Sammlung dänischer Kunst, von Steingutwaren bis Silberschmiedearbeiten.

Etwas nördlich liegt Ribe, die älteste Stadt des Landes und ein touristisches Muss mit der dreischiffigen gotischen Domkerke aus dem zwölften Jahrhundert.

Vorbei an Dünen, die mit Heidekraut bewachsen sind, fahren wir entlang der Küste nach Norden in Richtung Varde und Struer.

Bei Vinderup lädt das Frilandsmuseum zum Besuch ein. Über Viborg wechseln wir an die Ostseeküste Jütlands. In Århus hat man im Freilichtmuseum Den Gamle By eine Stadt aus dem 17. und 18. Jahrhundert rekonstruiert.

Für Familien ist eine Fahrt durch den Safaripark in Givskud mit

seinen 40 frei laufenden Löwen besonders interessant. Der Traum aller Kinder ist aber vermutlich das berühmte Legoland in Billund.
Über Vejle und Kolding geht es zur deutschen Grenze bei Flensburg zurück.

Man kann diese Tour ausdehnen und auch die Inseln besuchen. Dann fährt man über Odense, Nyborg, Korsør nach Rødby und setzt von dort mit besten Erinnerungen an das grüne Königreich der Kleinen Meerjungfrau nach Puttgarden in Deutschland über.

Von Kopenhagen nach Schweden

Der Weg nach Südschweden führt uns zunächst von Deutschland nach Dänemark. Auf der Autobahn gelangt man schnell von Hamburg über Lübeck nach Puttgarden. Dort nimmt man die Fähre ins dänische Rødby. Jetzt sind es nur noch etwa 100 Kilometer bis Kopenhagen.

Kopenhagen ist eine besondere Stadt. Sie hat weit mehr zu bieten als königliche Paläste, lebhafte Hafenpromenaden und Boulevards, den berühmten Vergnügungspark Tivoli oder die Kleine Meerjungfrau. Der besondere Reiz hier ist das Lebensgefühl dieser kosmopolitischen und heiteren Stadt. Sie ist sicherlich die lebendigste unter den Städten Skandinaviens.

Das nahe gelegene Helsingør mit seinem aus dem Drama Hamlet bekannten Schloss Kronborg lohnt einen Abstecher. Kopenhagen ist dem südlichen Schweden gegenübergelegen. Seit der Eröffnung der gewaltigen Brücke über den Öresund kann man mit dem Auto schnell und bequem von Kopenhagen ins schwedische Malmö gelangen, das eine sehenswerte Altstadt hat.

Die Autobahn nach Norden verläuft über Jönköping und dann 70 Kilometer am Vättersee entlang. Linköping, eine der

ältesten schwedischen Städte, und Norrköping mit einem der größten europäischen Zoogehegen liegen auf unserem Weg nach Stockholm.
Etwa 600 Kilometer trennen Malmö von der schwedischen Hauptstadt.

Seite 54: Österreich
Die beeindruckende Benediktinerabtei Göttweig beherrscht das Donautal gegenüber der niederösterreichischen Stadt Krems.

Stockholm ist auf 14 Inseln erbaut worden. Die einzelnen Stadtviertel sind über Brücken oder Fähren zu erreichen. Am besten kann man den besonderen Charme dieser Stadtlandschaft bei einer Bootsrundfahrt erfassen. Mit einem Kombiticket für Boote, öffentliche Verkehrmittel und Museen kann man die Stadt sehr bequem erkunden.

Berühmt ist das Wasa-Museum, in dessen Mittelpunkt ein Schiff steht: die Wasa, die 1628 mit Mannschaft und Fracht im Hafen gesunken ist. Die Geschichte des restaurierten Schiffs wird in einer eindrucksvollen Videoshow präsentiert.

Finnland: Rund um Helsinki

Wir beschränken uns auf die Region von Helsinki, denn wie wollte man in wenigen Zeilen ein Land beschreiben, das bei 338000 Quadratkilometern Fläche nur etwas über fünf Millionen Einwohner zählt?

Es gibt viel Platz in dem von Nadelbäumen und Tundra bedeckten relativ flachen Land mit 4600 Kilometern Küstenlinie, etwa 60000 Seen und zahllosen Inseln sowie Schären. Ein eigenwilliger Staat, der sich nach den sowjetischen Kriegen gegen Finnland einigen wirtschaftlichen Wohlstand erarbeitet hat.

An Hamburg vorbei geht es nach Travemünde oder Rostock zu den Fähren Richtung Helsinki. Wenn Sie Dänemark, Schweden und Finnland besuchen wollen, wählen Sie den Weg von Kopenhagen ins schwedische Malmö und fahren nach Stockholm. Von Stockholm braucht die Fähre dann noch elf Stunden

bis ins finnische Turku.

Die Universitätsstadt Turku bieten einen guten Ausgangspunkt für Finnland. Sie war früher die finnische Hauptstadt, bevor Helsinki diese Rolle übernahm. Der mittelalterliche Dom, das Sibelius-Museum und das Schloss aus dem 13. Jahrhundert (heute Veranstaltungsort für Festivals) dokumentieren ihre einstige Bedeutung.

Helsinki, eine Stadt mit etwas mehr als 500 000 Einwohnern, bezeichnet sich selbst als „Tochter der Ostsee". Am besten beginnt man die Stadterkundung am Südhafen. Dort gibt es einen Markt, der für die Qualität seiner regionalen Produkte, speziell der frischen Heringe, berühmt ist. Das Viertel um den Markt ist ein beliebtes Touristenziel. Zahllose Dampfer, Fähren und Barkassen drängen sich im Hafen.

Ganz in der Nähe befindet sich auf einem Hügel der Kaivopuisto-Park, das meistbesuchte Naherholungsgebiet der Hauptstadt. Die Gegend ist bekannt für ihre russischen Villen aus Holz, die noch aus der Zeit stammen, als begüterte Sankt-Petersburger hierher für Kuren kamen.

Das Mannerheim-Museum ist dem Feldmarschall und Staatsmann Carl Gustaf von Mannerheim gewidmet, der der Sowjetunion Widerstand leistete und das moderne Finnland schuf.

Zentrale Treffpunkte sind die großen Straßen Esplanadi und Mannerheimintie oder das der finnischen Geschichte gewidmete Nationalmuseum. Hier findet man viele Beispiele für das hoch gelobte finnische Kunsthandwerk und Design, die zu Recht weltweit Anerkennung genießen.

Zu Helsinki gehören auch die touristischen Inseln der Umgebung, die man unbedingt besuchen sollte. Ihre Strände, Parks und die zahlreichen Museen machen sie zu beliebten Ausflugs-

Belgien
Das „königliche Seebad" Ostende ist das lebhafte Zentrum der flämischen Nordseeküste.

Lido

Seite 58: Großbritannien
Dieses Bild fängt alle Charakteristika einer schottischen Landschaft ein: Wasser, Berge, ein Himmel mit Wolken und ein Schloss.

Rechte Seite: Frankreich
Korsika begeistert mit traumhaften Winkeln, wie hier dem Dörfchen Novella.

zielen. Die schönste Insel heißt Seurasaari. Sie rangiert mit ihrem Nationalpark und dem Freilichtmuseum ganz oben in der Gunst der Finnen. Man hat dort alte Gebäude aus allen Landesteilen, auch aus Lappland, rekonstruiert.
Alljährlich findet auf Seurasaari im Sommer ein Folklore- und Gesangsfestival statt, das zahlreiche Besucher anzieht.

Griechenland: Epirus

Unser Ausgangspunkt ist Brindisi mit seinen Fährverbindungen von Süditalien in den Nordwesten Griechenlands.

Brindisi kann man gut über das italienische Autobahnnetz erreichen. Die Region Apulien verlockt durchaus zum Verweilen, denn in dieser Mittelmeerlandschaft hat Massentourismus noch keinen Einzug gehalten. Hier am Absatz des italienischen Stiefels pflegt man die Traditionen: Brindisi präsentiert stolz die römische Säule, die einst den Endpunkt der Via Appia aus Rom markierte.

Weiter im Norden bieten sich auf der Halbinsel Gargano spektakuläre Ausblicke auf die wilde Küstenlandschaft. Bei Alberobello findet man die eigentümlichen, ganz aus flachen Steinen errichteten und mit gebranntem Kalk getünchten „Trulli", einräumige Rundhäuser.

Doch das ist nur der Auftakt, wenden wir uns dem eigentlichen Ziel zu.

Die Fähre legt in Igoumenitsa, direkt gegenüber von Korfu an. Wir befinden uns im nordwestlichen Griechenland, das vom Pindos-Gebirge durchzogen wird. Epirus ist eine eher raue, zerklüftete Region, die vor allem von der Landwirtschaft lebt. Touristische Attraktionen sind hier außergewöhnliche Schöpfungen der byzantinischen Architektur: die Meteora-Klöster und die Kirchen von Kastoria.

Seite 62: Frankreich
Die Bucht von Arcachon umfasst etwa 25 000 Hektar. 1 800 Hektar davon nimmt die Austernzucht in Anspruch.

Südlich der stark vom türkischen Einfluss geprägten Bezirkshauptstadt Ioannina liegt das Zeusheiligtum Dodona, eines der ältesten griechischen Orakelstätten. Ein Besuch der antiken Ruinen ist auf alle Fälle lohnenswert.
Für einen Besuch der Meteora-Klöster logiert man am besten in Kalambaka. In dieser für Nordgriechenland typischen Landschaft liegen die Klöster Varlaam, Rousanou und andere, die wie Adlerhorste auf den steilen Felsen kleben. Man sollte sich mindestens einen Tag für ihre Besichtigung Zeit nehmen.

Dann geht die Fahrt entlang bekannter antiker Stätten Richtung Süden nach Athen, in die Stadt, in der das Wagnis der europäischen Demokratie seinen Ursprung hatte.

Überall in Europa

Wo anders als in Europa findet man eine solche klimatische und geografische Vielfalt, ein so reiches geschichtliches und kulturelles Erbe auf so engem Raum vereint?

Hier liegen zwei der größten und reichsten Museen der Welt – das Britische Museum in London und der Louvre in Paris – nur knapp 400 Kilometer voneinander entfernt. Wollte man von Lissabon bis Wien alle Museen, Paläste, Kathedralen und historischen Stadtkerne auflisten, wäre die Liste endlos lang.

Und nicht nur die Hauptstädte und Metropolen sind reich an Schätzen. Auch kleinere Städte bieten einiges, wie vor allem Belgien eindrucksvoll belegt: Die belgischen Städte Gent, Antwerpen, Lüttich und Brügge sind eigenständige Kunststädte mit langer Tradition. Auch Veurne, Löwen, Lier, Huy, Namur, Mons und kleinere Ortschaften wie Oudenaarde oder Bouillon verfügen über ein bedeutendes historisches Erbe.

Nehmen wir als letztes Beispiel Tournai. Die Stadt ist reich an Kunstschätzen, Museen und historischen Bauten. Sehenswert sind die Kathedrale mit ihrem romanischen Schiff und den fünf Türmen, die mittelalterliche Pont des Trous, der älteste Belfried Belgiens, das Waffen-Museum und das Tapisserie-Museum. Nicht zu vergessen das vom Jugendstilarchitekten Horta entworfene Kunstmuseum mit Gemälden alter Meister und Impressionisten.

Ein Rundgang zur Besichtigung der alten romanischen und gotischen Häuser vervollständigt das Bild der Stadt. Schließlich sollte man nicht versäumen, den Mont St. Aubert zu besteigen, um einen Blick über die flandrische Ebene zu werfen. Was hier in aller Kürze für Tournai dargestellt wurde, könnte man für hunderte und tausende von größeren und kleineren Kunst- und Kulturstädte in der Europäischen Union ausführen. Doch genug!

Kultur besteht nicht nur aus historischem Erbe. Kultur ist auch zeitgenössische Kunst und moderne Architektur. Die regionale und nationale Gastronomie mit ihren typischen Weinen, Bieren und Käsesorten zählen ebenso dazu wie Folklore, Festspiele, Volksfeste, Sport, Freizeitbeschäftigung und vieles mehr.

Europa ist zu Recht das beliebteste Reiseziel weltweit. Zwischen den Mitgliedsstaaten der Europäischen Union existieren keine Grenzen mehr, die den Reiseverkehr einschränken könnten, und die Einführung des Euro hat das Reisen noch einfacher gemacht.

Wenn demnächst weitere Mitglieder in die Europäische Union aufgenommen werden, wird die Gemeinschaft 25 Staaten, 23 Amtsprachen und 500 Millionen Einwohner zählen.

Eine Präsentation auf einigen wenigen Seiten ist dann nicht mehr möglich – also betrachten wir Europa am besten gleich von oben, aus der Luft!

Linke Seite: Portugal
Das Klima ist ziemlich trocken – Ackerfelder, Olivenhaine und Korkeichen prägen die Landschaft.

Seite 68: Belgien
Nördlich von Antwerpen verzweigt sich die Schelde in mehrere breite Arme, die ins Meer münden.

Unten: Italien
Schneebedeckte Alpengipfel im Aostatal, das unmittelbar an Frankreich und die Schweiz angrenzt.

GRAFISCHE LANDSCHAFTEN

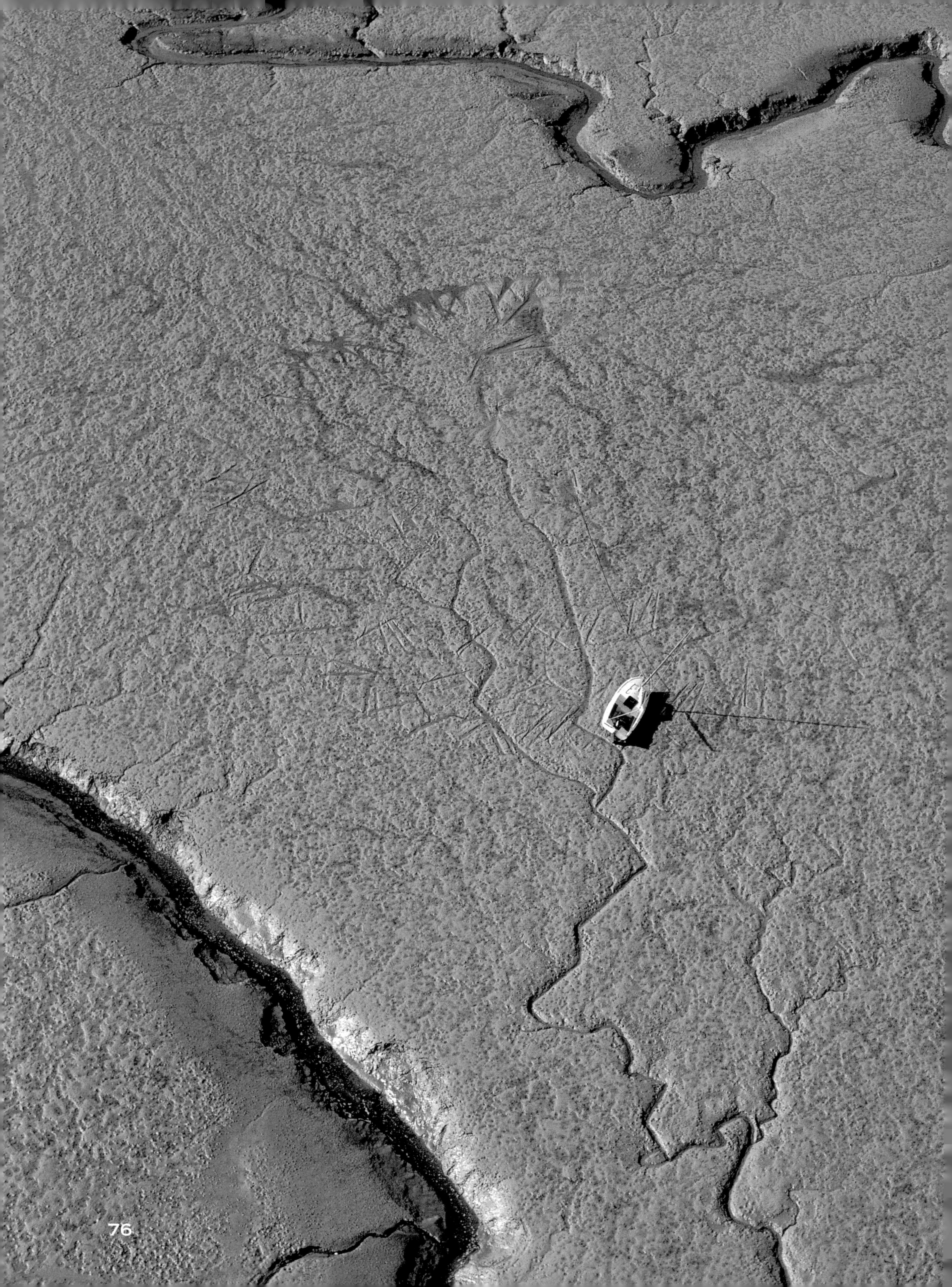

Portugal
Hier findet man viele idyllische Landschaften und verträumte Fleckchen wie dieses.

Spanien
Typisches Landschaftsbild in den weiten Ebenen Spaniens, die als Filmkulisse sehr beliebt sind.

Frankreich
Die ausgedehnten Flächen in Nordfrankreich werden intensiv landwirtschaftlich genutzt. Von oben sehen die Weizenfelder wie grafische Zeichnungen aus.

Großbritannien
Labyrinth oder hoch kultivierte Gartenkunst?

Frankreich
Bei Ebbe wirken die Strände der Bretagne fast wie moderne Kunstwerke.

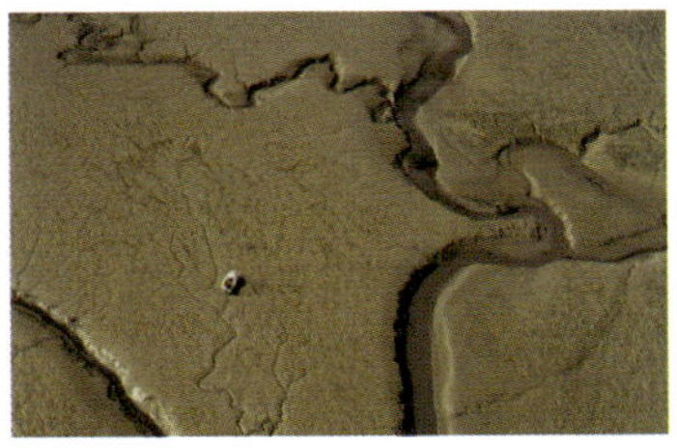

Belgien
Diese Weiden auf dem Polderland werden bald verschwinden. Sie müssen der landwirtschaftlichen Nutzung des Bodens weichen.

Dänemark
Überall auf der Welt, besonders aber in Europa, schafft die Landwirtschaft unbewusst Bilder, die mit Werken der abstrakten Kunst konkurrieren.

Spanien
Ein typisches Landschaftsbild in Spanien. Die Ebenen strahlen Ruhe und Gelassenheit aus.

Belgien
War hier ein Künstler als Landwirt oder ein Landwirt als Künstler tätig? Das Werk dieses Menschen könnte auch in einer Galerie hängen.

Deutschland
Surrealistisches Bild eines Eifelausläufers. Dieses Hochland ist die Fortsetzung der Hautes Fagnes (Hohes Venn).

Niederlande
Im Frühjahr strömen die Besucher nach Lelystad bei Haarlem, um die kunstvoll angelegten Blumenfelder zu bewundern.

Spanien
Auch diese trockene und von der Sonne verbrannte Landschaft bietet einen schönen Anblick.

Belgien
Die Landschaft der Gaume mit ihrem von Hügeln und Tälern gezeichneten Verlauf wäre eine ideale Märchenkulisse.

Dänemark
Hunderte von Robben, die sich auf einer Sandbank ausruhen, gruppieren sich zu diesem zauberhaften Bild.

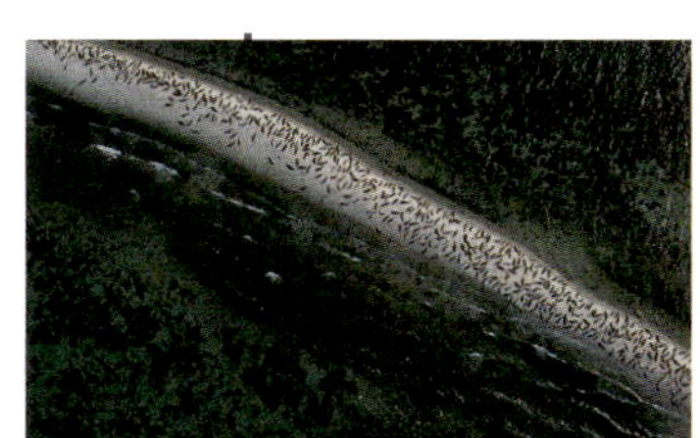

Portugal
Im trockenen Klima der Algarve prägen weite Ebenen, Olivenplantagen und Korkeichen die Landschaft.

Belgien
Ausgedehnte Wasserflächen und üppig wucherndes Grün verleihen vielen flachen Landschaften wie der um Bokrijk einen besonderen Reiz.

Spanien
In der Ria de Arousa werden Muscheln gezüchtet.

Schweden
Jedes Jahr strömen zahlreiche Fans nach Hultsfred, um am Festival „Rock 'n' roll around the clock" teilzunehmen.

KÜSTEN-LANDSCHAFTEN

Frankreich
Palombaggia in Korsika: Felsen und Wasser sind schicksalhaft miteinander verbunden: Sie schaffen Schönes, sind zugleich aber auch voller Gefahren.

Frankreich
Das kleine Seebad Saint-Tropez im Département Var ist weltberühmt. Hier tummeln sich Stars und gewöhnliche Tagestouristen unbemerkt nebeneinander.

Großbritannien
Die große Isle of Wight ist der Südküste Englands vorgelagert.

Schweden
So schön und lieblich kann es an den Küsten im hohen Norden sein, doch nicht immer ist es hier so friedlich.

Frankreich
Saint-Malo in der Bretagne war 1944 Schauplatz heftiger Kämpfe. Die Stadt wurde nach dem Krieg originalgetreu wieder aufgebaut.

Großbritannien
Das zum Vereinigten Königreich gehörende Nordirland gerät oft negativ in die Schlagzeilen. Seine ländlichen Regionen sind jedoch beliebte Reiseziele.

Spanien
Die Cies-Inseln in der Bucht von Vigo.

Frankreich
Der kleine Hafen Girolata auf Korsika lässt sich scheinbar sanft von den Wellen des Mittelmeers umschmeicheln.

Frankreich
Die Saint-Marcouf-Inseln. Durch die starke Strömung wurde hier weiches Gestein der Klippen weggespült, sodass sich Spalten, Grotten, Halbinseln und Inselchen bildeten.

Frankreich
An der Grenze zwischen Normandie und Bretagne liegt Mont-Saint-Michel, eine Abtei krönt dieses „Wunder des Westens".

Frankreich
Die Felsen von Etretat in der Normandie inspirierten viele berühmte Maler.

Großbritannien
Der in Cornwall, an der Südwestspitze Großbritanniens gelegene St. Michael's Mount erinnert an den Mont-Saint-Michel in Frankreich, allerdings ist er deutlich kleiner.

Großbritannien
Die berühmten Klippen von Dover empfangen jeden Reisenden, der mit dem Schiff vom Kontinent kommt.

Dänemark
Dänemark besteht aus vielen Inseln und Halbinseln, also musste man die Meeresarme mit großen Brücken überspannen, um schnelle Verkehrsverbindungen zwischen den Provinzen und auch nach Schweden zu schaffen.

Großbritannien
Aus der Luft betrachtet wirkt der Vogelschwarm an der schottischen Küste bei Bassrock wie ein Gemälde mit starkem Hell-Dunkel-Kontrast.

Portugal
Wie überall auf der Welt ziehen auch die portugiesischen Strände viele Touristen an, die dort die wohlverdiente Erholung suchen.

Frankreich
Im äußersten Süden Korsikas, am Ende einer schmalen Bucht liegt die malerische Hafenstadt Bonifacio – die Häuser reichen hier direkt bis an die steil abfallenden Klippen.

Schweden
Im ausgedehnten Archipel von Stockholm gibt es zahlreiche Inseln und Riffs.

BINNEN-LANDSCHAFTEN

Spanien
Die Stadt Valladolid ist das Zentrum der Meseta, einer ziemlich monotonen, von etwas Grün aufgelockerten Hochebene.

Italien
Die Burg von Camero präsentiert sich machtvoll auf einem Felsen.

Großbritannien
Die merkwürdigen Steinkreise von Stonehenge regen seit jeher zu den unterschiedlichsten Theorien und den wildesten Spekulationen an.

Griechenland
Östlich von Thessaloniki liegt die Mönchsrepublik Athos mit ihren 20 Großklöstern, die dort vom zehnten bis vierzehnten Jahrhundert erbaut wurden.

Italien
Die Toskana ist die harmonischste und feinsinnigste Landschaft Italiens – Weinstöcke und Olivenbäume wachsen hier nebeneinander.

Griechenland
Das mythische Gesicht des antiken Griechenlands, die Ruinen von Delphi.

Portugal
Das Städtchen Bragança wird von einer mittelalterlichen Wehrmauer umschlossen. Im Vordergrund die 1187 erbaute Zitadelle der Herzöge von Bragança.

Schweden
Die großen Seen des Landes bieten Angelfreunden und Wassersportlern traumhafte Möglichkeiten.

Finnland
Finnland scheint unendlich viel Raum zu bieten: Nur fünf Millionen Menschen bewohnen das Land mit 338 000 Quadratkilometern Fläche und 62 000 Seen. Der Winter ist lang, der Sommer dafür traumhaft.

Frankreich
Das Massiv des Montblanc trennt Frankreich von Italien. Mehr als 3 000 Meter erheben sich seine Gipfel über dem Tal von Chamonix.

Schweden
Lappland gilt als letzte ursprüngliche, wilde Landschaft in Europa.

Frankreich
Von einem Hügel der Vogesen überblickt das Schloss Haut-Koenigsburg die elsässische Rheinebene. Es wurde Anfang des 20. Jahrhunderts aus Buntsandstein wieder errichtet.

Schweden
Das 1380 erbaute prächtige Schloss Gripsholm liegt auf einer Halbinsel. Heute gehört es dem schwedischen Staat und beherbergt ein historisches Museum.

Portugal
Auf dem Weg nach Süden zu den Stränden der Algarve durchquert der Reisende weite Ebenen mit Olivenhainen.

Spanien
Diese intensiv bearbeiteten Felder entwickeln eine eigenwillige Schönheit.

Frankreich
Rund um Saint-Omer, einer alten Stadt im Pas-de-Calais, wird im Sumpfland, das von Kanälen durchzogen ist, Ackerbau betrieben.

Spanien
Prächtige Haciendas wie diese haben schon immer die Fantasien der Spanienliebhaber beflügelt.

Großbritannien
Eine farbenprächtige englische Landschaft.

Italien
Toskana: Scheinbar spielerisch aufgereihte Zypressen erfreuen das Auge des fernen Betrachters.

Griechenland
Die Meteora-Klöster gehören zu den spektakulärsten Sehenswürdigkeiten Thessaliens. Sie wurden als Zufluchtsorte auf fast senkrecht abfallenden Felsen errichtet.

Dänemark
Schloss Frederiksborg bei Hillerød beherbergt eine reiche Sammlung mit Gemälden zur dänischen Geschichte.

Belgien
Der Schnee scheint hier im Naturschutzgebiet Hautes Fagnes die Torfmoore und Moospolster mit einem Wintermantel zu schützen.

Österreich
Stift Melk, ein Juwel des österreichischen Barocks, blickt hinab auf die Donau.

Spanien
Eine typische unvergleichliche Landschaft, wie sie nur Spanien zu bieten hat.

Frankreich
Das Schloss Chenonceaux überspannt den Fluss Cher. Es gehört zusammen mit Chambord zu den berühmtesten Loire-Schlössern.

Großbritannien
Dartmoor im County Devon in Südwestengland.

Großbritannien
Die Grafschaft Warwickshire ist stolz auf ihre vielen Schlösser mit den prachtvollen Gärten.

Deutschland
Eine idyllische Schwarzwaldlandschaft im stimmungsvollen Abendlicht.

Frankreich
Das wunderschöne korsische Städtchen Calvi thront auf einem Felsen, der aus dem Meer ragt.

Luxemburg
Viele Burgen des Großherzogtums Luxemburg wurden auf den Höhen der Ardennen errichtet. Die Burg Bourscheid gleicht einem mächtigen Adlerhorst.

Niederlande
Man sagt, Holland sei dem Wasser abgerungen. Fruchtbare Polder entstanden zunächst durch Anschwemmung, dann durch Eindeichung und Entwässerung mit Windmühlen.

Luxemburg
Das mit Wein bepflanzte Moselufer zwischen Remich und Grevenmacher bildet eine malerische Weinstraße.

Belgien
Die verschneiten Hochardennen locken zahlreiche Skilangläufer an.

Portugal
Im Norden Portugals liegt das Tal des Douro mit den terrassenförmig angelegten Feldern und Weinbergen.

Frankreich
Das Schloss La Rochepot ist mit den für Burgund typischen bunten Dachziegeln gedeckt.

Spanien
Die Burg von Coca bei Segovia entstand im 15. Jahrhundert. Maurische Handwerker errichteten die dekorative Festung aus Backsteinen.

Portugal
Penela, ein typisches portugiesisches Städtchen im Landesinneren: Weiße Häuser säumen die engen, zum Hügel ansteigenden Straßen.

Österreich
Die Zwiebeltürme der Kirchen und Schlösser prägen das Landschaftsbild in der Wachau.

Niederlande
Die Niederlande besitzen einen reichen Schatz an historischen Palästen und Schlössern, wie das Schloss de Haar bei Utrecht.

Belgien
Das in einer Flussbiegung der Leie gelegene, von Bäumen umgebene Schloss Ooidonk präsentiert sich als harmonisches Ensemble im spanisch-flämischen Stil.

Österreich
Das historische Städtchen Dürnstein schmiegt sich an den Berghang über der Donau. Die Weinberge ziehen sich am steilen Flussufer hinauf.

Italien
Der Gebirgszug des Apennin begrenzt die norditalienische Ebene nach Süden hin.

Spanien
Das Stadtbild von Segovia wird von dem 100 Meter hohen Turm der Kathedrale aus dem 16. Jahrhundert bestimmt.

Großbritannien
Wales ist eine einzigartige Region im Westen Englands. Die üppig grünen, hügeligen Landschaften locken vor allem Touristen, die Ruhe und Natur suchen, an.

Deutschland
Im bayerischen Kelheim mündet die Altmühl in die Donau. Die Befreiungshalle erinnert an den Sieg über die napoleonischen Armeen.

Portugal
Von Norden nach Süden durchquert man sehr unterschiedliche Landschaften – von oben betrachtet verwischen die Unterschiede jedoch.

Niederlande
In der Nähe von Rotterdam stehen die 19 Windmühlen von Kinderdijk. Sie sind ein beliebtes Ziel und Symbol des holländischen Landschaftsbilds.

Dänemark
Das Landschaftsbild Dänemarks ist wenig akzentuiert. Drei Viertel der meist sehr fruchtbaren Bodenfläche wird landwirtschaftlich genutzt.

Frankreich
Die Bucht von Arcachon umfasst 25 000 Hektar Wasserfläche, davon sind 1800 Hektar für die Austernzucht reserviert.

Frankreich
Die Region Bordeaux hat die renommiertesten Weinberglagen der Welt, wie etwa Premier Cru Classé Château Latour.

Italien
Das malerisch auf einem Berg gelegene Kloster Säben in Südtirol.

Spanien
Der Alcázar von Segovia ist mit vielen Giebeln und Zinnen ausgestattet, den Bergfried schmücken Giebeltürmchen.

Spanien
Eine grafische, wie von Künstlerhand geschaffene Landschaft.

Großbritannien
Magere Grasweiden und Heidekraut bedecken das gebirgige schottische Hochland.

Großbritannien
Schottland ist reich an historischen Landgütern und Schlössern: hier das Castle Campbell.

STADT-
ANSICHTEN

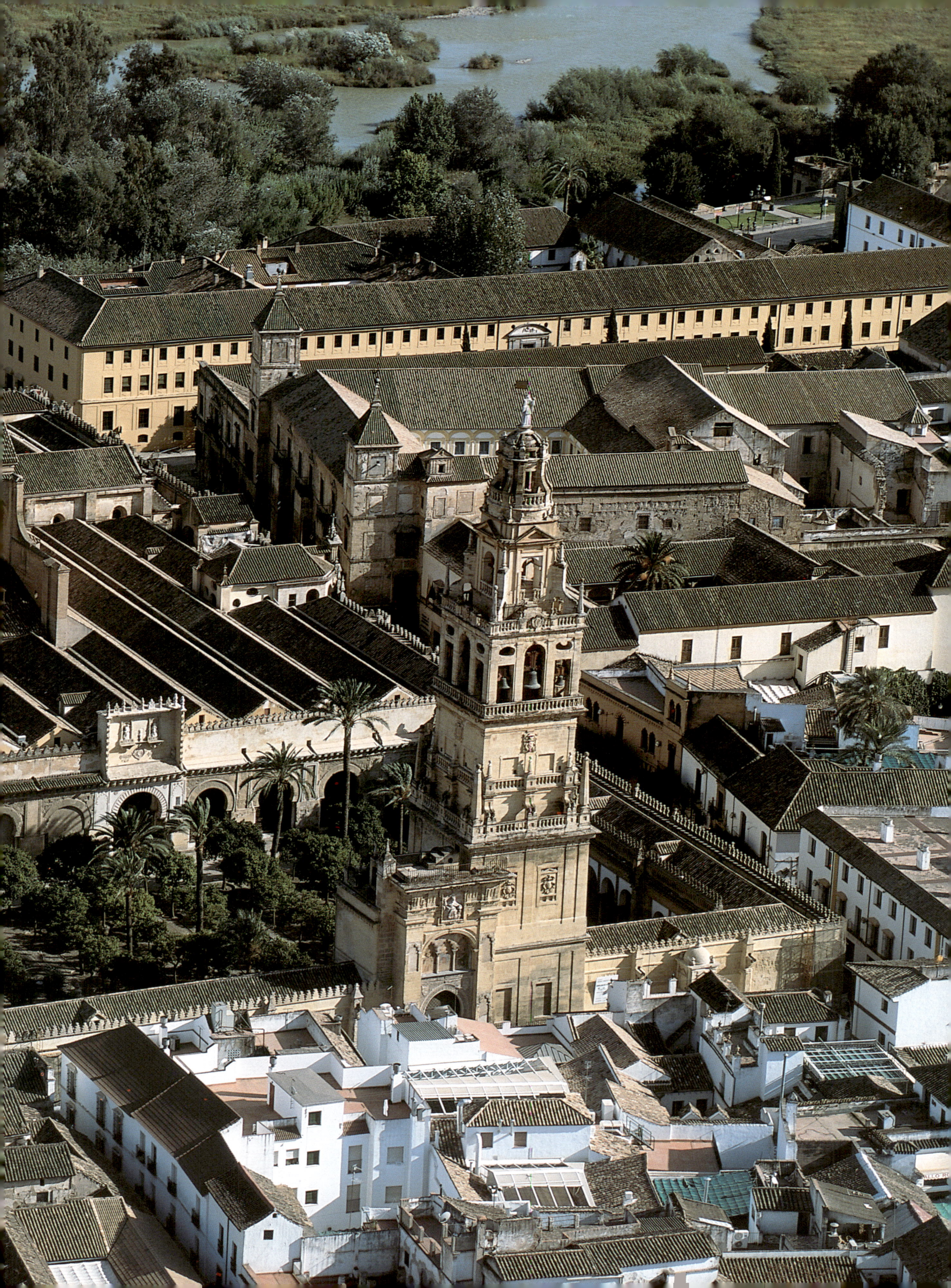

Großbritannien
Seit römischer Zeit haben die Thermalquellen zum Renommee und Wohlstand der Stadt Bath beigetragen. Das harmonische Stadtbild macht Bath zum Ziel vieler Kunstliebhaber.

Italien
Die von einer Stadtmauer umgebene historische Stadt Lucca in der Toskana beherbergt bedeutende Kunstschätze.

Frankreich
Nördlich von Nizza liegt auf einem mit Oliven bepflanzten Hügel der typisch provenzalische Ort Vence. Berühmt ist hier die von Matisse gestaltete Kapelle.

Frankreich
Die Ursprünge der provenzalischen Stadt Arles reichen weit in die Antike zurück. Das römische Amphitheater bot 20000 Zuschauern Platz.

Spanien
Erst aus der Luft erschließt sich die volle Schönheit der ehemaligen Moschee La Mezquita in Córdoba.

Niederlande
Das Veerse Meer, ein alter Meeresarm in Zeeland wurde zu einem Zentrum für Wassersport umgewandelt.

Spanien
Die Stadtlandschaften Andalusiens wurden stark von der maurischen Herrschaft und dem heißen, sonnigen Klima geprägt.

HENRI MATISSE

Belgien
Einst war Damme der Außenhafen von Brügge. Das reizvolle historische Stadtbild ist ein beliebtes Motiv für Fotografen.

Deutschland
Wie ein großes Kreuzfahrtschiff scheint die Domstadt Passau in den ruhigen Wassern von Donau und Inn dahinzugleiten.

Spanien
Im äußersten Westen Spaniens liegt Santiago de Compostela, das Ziel der berühmten mittelalterlichen Jakobswege. Die bedeutende Kathedrale ist auch heute noch ein Wallfahrtsort.

Frankreich
Nur wenige Kilometer von der Côte d'Azur entfernt findet man gut erhaltene alte, befestigte Marktflecken, wie Tourette-sur-Loup bei Cannes.

Italien
Die Insel Murano in der Lagune von Venedig ist berühmt für ihre Glaskunst.

Frankreich
Das korsische Dorf San'Antonino thront stolz über dem Balagne-Tal.

Griechenland
Das malerische Dorf Archova liegt in der Nähe von Delphi im Parnass-Gebirge.

Belgien
Brügge konnte seine Beschaulichkeit bewahren. Im Sommer bevölkern allerdings Touristen aus aller Welt die Straßen und Kanäle des beliebten Ausflugsorts.

Frankreich
Versailles: Erst aus der Luft betrachtet erschließt sich das kunstvoll angelegte Ensemble von Schloss, Gärten, Seen und Fontänen.

Italien
Der Markusplatz misst 175 Meter x 82 Meter und wird an allen Seiten von majestätischen Gebäuden eingerahmt – eine traumhafte Kulisse für den Karneval von Venedig.

Österreich
Das berühmte Schloss Schönbrunn vor den Toren Wiens ist ein künstlerisches und historisches Zeugnis der einst machtvollen österreichischen Monarchie.

Spanien
Nördlich von Malaga liegt Ronda. Die befestigte Stadt wurde auf dem Felsplateau am Rande einer vom Tajo ausgewaschenen Schlucht erbaut.

Großbritannien
Oxford ist ein intellektuelles Zentrum Englands, seine Universität genießt trotz ihrer bescheidenen Größe weltweites Ansehen.

Italien
Piazza del Duomo in Florenz: Das einzigartige Ensemble wird von der harmonischen Kuppel des Doms beherrscht.

Belgien
Dinant nahm schon immer eine Schlüsselstellung im Tal der Maas ein. Die Zitadelle über der Stadt ist heute zum Museum umgewandelt.

Deutschland
Lindau hat eine sehenswerte Altstadt mit verwinkelten Gässchen. Hier am Bodensee endet die Deutsche Alpenstraße.

Italien
Santa Maria della Salute ist eine der schönsten Kirchen Venedigs. Die Stadt verdankt sie dem Baumeister Baldassare Longhena.

Portugal
Das nördlich von Lissabon gelegene Coimbra ist eine traditionsbewusste Universitätsstadt mit viel Sinn für Lebensqualität.

Großbritannien
Canterbury in Kent: Die imposante gotische Kathedrale wurde im zwölften Jahrhundert auf den Grundmauern eines romanischen Baus errichtet.

Italien
Padua: Die Kuppeln der Basilica di Sant'Antonio und die Scuola del Santo.

Deutschland
Die Fassade des Doms in Limburg an der Lahn zeigt eine gelungene Mischung aus romanischen und gotischen Stilelementen.

LAND UND WASSER

Griechenland
Die vor der albanischen Küste gelegene griechische Insel Korfu hat viele romantische Winkel.

Irland
Die Küsten Irlands bieten dem Besucher mit 5000 Kilometern Strand und Klippen ein überwältigendes Landschaftsbild.

Schweden
Das Land der großen Seen erschließt sich am besten aus der Vogelperspektive.

Portugal
Die Fischerei gehört zu den bedeutendsten Wirtschaftszweigen in Portugal. Nach dem Beitritt zur Europäischen Union verhalf sie dem Land zu wirtschaftlichem Aufschwung.

Italien
Die Inseln im Lago Maggiore bieten in unmittelbarer Alpennähe ein südliches Flair.

Niederlande
Das Veerse Meer, ein alter Meeresarm in Zeeland wurde zu einem Zentrum für Wassersport umgewandelt.

Portugal
Eine wunderbare Landschaft, die wie ein grafisches Gemälde wirkt. Wasser und Land scheinen um die Gunst des Betrachters zu rivalisieren.

Schweden
An der Ostseeküste zählt man nicht weniger als 24000 Inselchen – ein Paradies für Angler und Wassersportler.

Niederlande
In der Nähe von Utrecht erstreckt sich die über 2500 Hektar große Seenlandschaft von Loosdrecht.

Deutschland
Der Bodensee ist ein europäischer Kreuzungspunkt, der Deutschland, Österreich und die Schweiz verbindet. Das Klima ist sehr mild.

Österreich
Der Neusiedler See, ein großer See im Südosten Wiens, grenzt direkt an Ungarn.

Österreich
Der malerische Attersee im Salzkammergut.

Schweden
Obwohl Nordschweden etwa die Hälfte der Gesamtfläche des Landes umfasst, ist das Gebiet nur dünn besiedelt. Hier wird intensive Forstwirtschaft betrieben.

Belgien
Wer hätte gedacht, in einem so kleinen Land auf eine solch wilde, romantische Landschaft zu treffen? Das Naturschutzgebiet Kempen im Abendlicht.

Großbritannien
Die schottische Tourismusbranche übertreibt nicht, wenn sie behauptet, Schottland sei eine der letzten romantischen Regionen Europas.

Italien
Das Land zwischen den Flüssen Po und Tessin ist so fruchtbar, dass hier das größte Reisanbaugebiet in Europa angesiedelt ist.

Deutschland
Auf den Inseln des bayerischen Chiemsees erwarten den Besucher kunsthistorisch interessante Bauwerke.

Italien
Das Inselchen San Franceso scheint wie ein Floß in der Lagune von Venedig zu treiben – ein herrliches Fleckchen.

Großbritannien
Ranoch Moor: Das romantische Bild der schottischen Seen, die Schauplatz vieler Filme waren, fängt den Besucher immer wieder ein.

Schweden
Zauberhafte Abendstimmung in einem schwedischen Fjord.

Danksagung

Daniel Philippe möchte den Piloten Jean Pierre Laubach, Michel Delire, Yves Cluckers und Jan Vandegaer sowie ihren Assistenten Tom de Haes und J. Steelandt für ihre Unterstützung und ihren fachmännischen Rat danken. Sein Dank geht auch an das Fotolabor Sadocolor und an Marc Barbay und sein Pre-Press-Office Image de Marc (www.imagedemarc.be).

Abbildungsnachweis

Alle Aufnahmen stammen von Daniel Philippe (www.airprint.be) mit Ausnahme von:

– Guido Rossi guido@imabebank.it
  Seiten 12, 25, 35, 44, 48, 67, 135, 138, 168, 212, 232, 237, 252, 253, 267, 270, 275, 279, 284, 310, 314

– Jason Hawkes library@jasonhawkes.com • www.jasonhawkes.com
  Seiten 42, 58, 74, 105, 113, 118, 122, 126, 136, 178, 189, 214, 223, 234, 236, 258, 278, 294, 308,

– Charlie Waite www.charliewaite.com mit Erlaubnis von artatwork@advalvas.be
  Seiten 140, 142, 166, 170, 282, 316

– Linus et Per- Ola Norman info@aerobilder.se www.aerobilder.se
  Seiten 116, 146, 152, 283, 292, 300, 318

– Joakim Berglund joke.berglund@exressen.se
  Seiten 14, 102,132,156

– Jan Winther jkw@post11.tele.dk
  Seiten 80, 94, 124, 172, 218